Trovare il flusso per i principianti

Come raggiungere facilmente lo stato di flusso e lavorare più velocemente con una produttività inimmaginabile, concentrarsi meglio ed essere più soddisfatti

Katharina Neuberg

CONTENUTO

Cosa può aspettarsi da questo libro

Anche lei è stanco di recarsi al lavoro ogni giorno solo per cercare di far passare velocemente il tempo? Mettere ogni giorno tutte le sue forze ed energie nel suo lavoro, sperando solo di tornare presto a casa? Di guardare ogni sera al giorno successivo già privo di motivazione? È così per un gran numero di persone, anche per quelle che hanno focalizzato la loro selezione lavorativa sulla ricerca di qualcosa che corrisponda ai loro interessi. Naturalmente, questo può rendere la vita molto difficile; dopo tutto, lavorare è un'attività che trascorriamo quasi tutta la vita, in quanto garantisce la nostra sopravvivenza finanziaria. Se si trova in questa situazione, che sembra senza speranza, ha scelto il libro giusto.

Qui imparerà non solo che cosa fanno a lei e alla sua salute lo stress costante, le preoccupazioni e la mancanza di motivazione, ma anche che cosa può fare al riguardo. Perché sì, è possibile lavorare senza questa inerzia. È persino possibile rilassarsi di più al lavoro che nel tempo libero. In questo modo, non solo il tempo passa velocemente, ma lo si gode davvero. Per farlo, deve solo riuscire a lavorare in modo fluido.

L'esperienza del flusso

COSA SIGNIFICA 'FLUSSO'?

Prima di tutto, il termine "flow" deriva dalla lingua inglese e significa "flusso". Nel contesto del lavoro, questo potrebbe non sembrare molto sensato all'inizio, ma può essere descritto come il lavoro e lo sforzo che fluiscono dalla persona, per così dire. Poiché qualcosa che fluisce avviene automaticamente, non è necessario esercitare un grande sforzo. Il nome flusso, quindi, dice già che ci si diverte a svolgere il lavoro e ci si rilassa, invece di vederlo come uno sforzo o un peso. In psicologia, il termine 'flusso' è riconosciuto a livello professionale, ed è nato grazie allo psicologo Mihaly Csikszentmihalyi.

CHI È MIHALY CSIKSZENTMIHA-LYI?

Mihaly Csikszentmihalyi è stato lo scopritore del flusso. Non solo è stato il primo a osservarlo, ma è stato anche in grado di evidenziarne le caratteristiche e di spiegare cosa è necessario per entrare in questo flusso, ad esempio sul lavoro.

È nato in Italia il 29 settembre 1934, ma non vi è rimasto a lungo, poiché è emigrato negli Stati Uniti nel corso delle sue scoperte. L'affidabilità della sua ricerca può essere dimostrata dal fatto che non solo ha lavorato presso le università in Italia, ma anche in Finlandia, Canada e Brasile. Inoltre, non solo è stato direttore del 'Quality of Life Center', ma anche professore presso la 'Claremont Graduate University' in California.

Lo stesso Csikszentmihalyi ha dovuto affrontare molte cose nella sua vita, e questo è stato probabilmente uno dei motivi per cui si è messo alla ricerca della felicità. Come si evince dal suo anno di nascita, ha dovuto vivere la Seconda Guerra Mondiale in età molto giovane. Non solo ha dovuto sperimentare in prima persona gli orrori difficilmente immaginabili della guerra, ma è stato anche testimone di ciò che il dolore e la sofferenza possono fare agli altri, compresa la sua stessa famiglia. Eppure un uomo, pieno di traumi e ferite, ha trovato il segreto dell'appagamento. Probabilmente nessun altro è in una posizione migliore per farlo; dopo tutto, di solito sono le persone che ne hanno passate tante ad apprezzare di più gli aspetti positivi della vita.

Così l'inventore del flow si è posto la domanda di come si possa diventare felici, in quanto non importa chi si è e cosa ci ha plasmato. Il suo primo approccio è stato nei campi dell'arte, della religione e della filosofia. Questo è dovuto al fatto che molte persone si sono perse nella loro arte o nel lavoro della loro vita, vedendolo addirittura come il significato della loro vita. Anche questo fa parte del flusso.

Altri hanno trovato la felicità nel credere in un potere superiore o nell'affrontare il significato della vita stessa, ma Csikszentmihalyi ha notato che non è l'argomento ma l'approccio. Si è imbattuto nel campo della psicologia in Svizzera, quando ha assistito a una conferenza di Carl Jung sul disturbo da stress post-traumatico negli europei del secondo dopoguerra. Jung lo affascinò a tal punto che iniziò a studiare le sue opere e quelle di Freud, che alla fine lo portarono a emigrare a

Chicago all'età di 22 anni. Qui ha conseguito il Bachelor of Arts e il Doctor of Philosophy.

Negli anni '70, Mihaly Csikszentmihalyi ha scoperto il flusso e ha sviluppato la sua famosa teoria del flusso. Lo ha fatto chiedendo a diverse fasce d'età e gruppi professionali come sperimentano la felicità e quando lo fanno.

All'inizio, la sua attenzione si è concentrata soprattutto sugli atleti agonisti, che sembrano essere soddisfatti della loro vita nonostante i loro fallimenti e la costante pressione sulle prestazioni. Nel corso del tempo, ha ampliato le sue indagini per includere sempre più attività e persone diverse.

Nonostante la diversità dei partecipanti, ha trovato dei parallelismi che non dipendevano necessariamente dagli individui stessi, ma piuttosto dalle percezioni soggettive delle attività. Come molti altri, lo scopritore del flusso si è reso conto che la felicità non dipende da influenze esterne, ma viene dall'interno. Non si può ottenere attraverso il materialismo o la dipendenza dagli altri, ma si deve ottenere per se stessi, sia mentalmente che emotivamente.

Anche se si è in grado di farlo, la capacità di essere felici non è qualcosa che si può mantenere in modo permanente, poiché si può essere colpiti dai colpi del

destino più e più volte o anche subire una giornata negativa di tanto in tanto. Tuttavia, in una certa misura
lei è responsabile dell'influenza della sua felicità. Può
determinare quanto si sente male nelle giornate negative e quanto velocemente si rimette in piedi. Ma come
si fa esattamente?

COSA RENDE IL FLUSSO

Le caratteristiche del flusso possono essere descritte in
modo chiaro e inequivocabile da otto caratteristiche diverse. Queste sono suddivise in due categorie. I primi
tre punti indicano i prerequisiti necessari per sperimentare il flusso. Gli altri, invece, sono una descrizione
di come si sperimenta il flusso, perché anche se questa
esperienza è soggettiva e individuale, ci sono comunque sentimenti o sensazioni coerenti verso l'attività. Le otto caratteristiche del flusso sono le seguenti:

**1. Ha bisogno di un obiettivo da seguire e di un
feedback diretto mentre svolge l'attività.**

Un esempio è una partita di basket. All'interno del gioco, si vuole segnare un canestro, poiché questo comporta la vittoria della partita. L'attività stessa consiste
nel tiro. Durante l'esecuzione, si ottiene un feedback

diretto, in quanto il canestro o il mancato canestro indicano il successo dell'attività.

2. Bisogna essere in grado di suscitare un certo interesse e concentrazione per il soggetto dell'attività.

Questo punto può essere collegato anche all'esempio precedente, perché diventare un atleta competitivo richiede un alto livello di interesse e di potenziale, in quanto una persona che non riesce a provare una vera passione per questo campo non arriverebbe mai alla conclusione rischiosa di guadagnare con lo sport.

3. La difficoltà e le richieste dell'attività devono essere adattate alle prestazioni della persona attiva.

Questo punto è uno dei più importanti per poter provare l'esperienza del flusso. Se il livello di difficoltà è troppo basso, ci sarà una mancanza di sfida. Se una persona che sta scrivendo matematica a livello A lavora su compiti della scuola primaria, questo non corrisponde al suo livello di apprendimento.

Questo crea noia e l'elaborazione dei compiti viene percepita come fastidiosa. D'altra parte, un alunno della scuola primaria è sopraffatto da compiti che non corrispondono al suo livello. Probabilmente cercherà prima di tutto di lavorare sui compiti, ma non ci riuscirà, perché questo supera il suo livello. In questo modo, si dispererebbe e alla fine rinuncerebbe, il che potrebbe portare a una completa perdita di interesse per la matematica.

Tuttavia, se a questo allievo vengono assegnati compiti di matematica che corrispondono alla sua carriera scolastica, è in grado di lavorarci, ma deve concentrarsi e pensare alle soluzioni. Non c'è una sfida insufficiente o eccessiva, ma piuttosto una vicinanza al flusso.

4. Si ha la sensazione di avere il controllo della situazione.

Questa caratteristica è la prima che ruota attorno all'esperienza del flusso. Molti descrivono di avere un senso di controllo durante il flusso, grazie ai punti precedentemente menzionati: si sta facendo qualcosa che piace e si è all'altezza degli occhi con l'attività. Questo impedisce anche alle persone di farsi prendere dal panico o di cadere in una spirale di emozioni negative, poiché nulla può turbarle e nulla può impedire il successo, che dipende solo da chi lo fa.

5. Non deve esserci un elevato dispendio energetico associato all'attività.

Questo può sembrare bizzarro all'inizio, considerando l'esempio del basket, ma non si tratta necessariamente dell'attività fisica. Si tratta piuttosto di capire se l'attività è soggettivamente qualcosa di impegnativo o qualcosa che viene facile. Se una persona padroneggia e si diverte a giocare a pallacanestro, non viene considerata psicologicamente come un elevato dispendio energetico, poiché non deve forzarsi a perseguire questa attività, dato che si diverte a farlo. Questo è simile all'aspetto dell'interesse e del sovraccarico, perché il sovraccarico comporterebbe sicuramente uno sforzo eccessivo.

6. Il senso del tempo cambia.

Probabilmente ha già notato che le persone hanno una percezione diversa del tempo in situazioni diverse. Se fa qualcosa che non le piace, come ad esempio ascoltare una lezione su un argomento che non le interessa, i minuti sembrano diventare ore.

Tuttavia, se fa qualcosa che le piace fare, ad esempio incontrarsi con gli amici, le ore volano. E questo vale anche per il flusso. Poiché l'attività è in linea con le esigenze e gli interessi personali, il che significa che non c'è molto impegno, il tempo sembra passare più rapidamente. Questo può essere molto pratico sul lavoro, in quanto dà la sensazione di poter tornare a casa prima, il che dà anche maggiore motivazione per la giornata lavorativa successiva. Il flusso è quindi chiamato anche "modalità senza tempo".

7. L'attività e la persona attiva diventano una cosa sola.

In questo caso, spesso si parla anche di una fusione tra l'attività e chi la svolge. Quando si è in flusso, ci si perde nell'esecuzione del compito. Di conseguenza, si percepiscono solo le cose importanti per il compito stesso, invece di concentrarsi sulle distrazioni o sulle influenze esterne. Questo vale anche per le cose interne, come i sentimenti o i pensieri.

Fondendosi con l'attività, le emozioni negative come i dubbi o le paure che potrebbero influenzare o addirittura interrompere il flusso scompaiono. I dubbi significherebbero che non si ha più il controllo e la concentrazione diminuirebbe. Nel caso di un compito di matematica, si sarebbe consapevoli solo del compito e degli ausili come le calcolatrici.

Se si tratta di un'attività di gruppo, come una partita di basket, si percepisce solo il gruppo specifico e necessario di persone, in questo caso la propria squadra, la squadra avversaria e l'ambiente o, in questo caso, il campo di gioco.

8. Non solo il raggiungimento dell'obiettivo, ma anche il modo in cui viene percepito come un'esperienza di piacere.

Questo punto è uno dei più importanti, perché se non si percepisce l'azione, che si suppone sia in flusso, come positiva, non ci può essere nessun interesse speciale, nessuna unità e nessuna assenza di sforzo. Se si percepisce solo l'obiettivo in sé come prezioso, ci si concentra su di esso e il percorso sembra diventare sempre più arduo e lungo.

Inoltre, il raggiungimento di un obiettivo è solo una piccola frazione del tempo che si deve dedicare all'attività stessa. Pertanto, se si dovesse provare piacere solo per il risultato della situazione, si vedrebbe la maggior parte della vita come faticosa e come un mezzo per raggiungere un fine. Tuttavia, se si trova piacere nella situazione stessa, non importa quando si raggiunge l'obiettivo, perché non ci si mette sotto pressione e non ci si dispera. Al contrario, si trae piacere dal fatto che si può dedicare ancora più tempo all'attività per ottenere poi il miglior risultato possibile.

Come si può vedere dalle caratteristiche stesse, una divisione tra le condizioni per il flusso e l'esperienza del flusso è approssimativamente possibile, ma non definitiva. Ogni punto riflette entrambi in qualche modo. Soprattutto, il fatto che ogni caratteristica sia allo stesso tempo una condizione diventa subito chiaro. Non appena una di esse non viene soddisfatta, anche le altre non possono più essere soddisfatte come devono.

Inoltre, da questo elenco si può vedere che il flusso stesso è qualcosa di puramente positivo. Non c'è una fase in cui si sente o si permette la negatività, ma si trova gioia in tutti gli aspetti di un'azione. Secondo Mihaly Csikszentmihalyi, nient'altro che l'attività stessa ha un significato nel flusso. Afferma che ci si diverte talmente tanto che si farebbe di tutto per poterla continuare.

Il controllo è anche spesso un meccanismo di coping quando la vita sembra andare a rotoli. Soprattutto nella situazione di Corona, dove molti sentono di non poter influire sui numeri dell'infezione e sulla propria salute, hanno bisogno di qualcosa che possono controllare. Ed è proprio questo che il Flow offre loro, una situazione positiva che solo loro possono determinare e controllare. Grazie a questo piacere e a questo controllo, nel flusso si raggiunge il massimo delle capacità.

Questo non vale solo per le abilità utilizzate, come il pensiero logico o la velocità di corsa, ma si estende anche ad altre aree. Grazie a questo picco, si rafforza anche la fiducia in se stessi, che permette di migliorare ulteriormente le proprie capacità, non lasciandosi abbattere dallo sconforto.

Il nome "flusso" può essere spiegato dal punto di fusione. Lo stesso Csikszentmihalyi l'ha definita così: "Il loro lavoro scorreva fuori da loro". Tradotto e inserito nel giusto contesto, questo significa che il lavoro praticamente sgorgava dalle persone che osservava una volta che erano nel flusso. Non era necessario alcuno sforzo, perché l'azione era completamente sotto la loro influenza e avveniva quasi da sola.

È importante ricordare ancora una volta che l'esperienza del flusso è molto individuale e soggettiva. È probabile che tutte le otto caratteristiche siano percepite nel flusso, ma è altrettanto possibile che alcune siano percepite più di altre. Pertanto, si può solo confrontare l'esperienza di flusso, ma non valutarla come sbagliata o giusta.

LE CONSEGUENZE DEL FLUSSO PER IL CORPO E LA MENTE

Il flusso non è stato scoperto solo a livello psicologico, ma è stato anche dimostrato che ha conseguenze positive sulle funzioni corporee e sulla nostra forza psicologica.

Un effetto di questi è che il flusso porta a uno stato di coerenza. In medicina, questo termine si riferisce alla sincronia ottimale tra respirazione, polso e pressione sanguigna. Ciò significa che quando il polso è basso, la pressione sanguigna non sale improvvisamente e il respiro si ferma allo stesso tempo, ma quando il polso è nell'intervallo normale, anche la pressione sanguigna è in questo intervallo e il respiro è calmo, il che porta a un perfetto apporto di ossigeno al cervello.

Inoltre, promuove i rapporti tra le emozioni, di cui è responsabile il sistema limbico, e il pensiero, che è controllato dal sistema corticale e dalla neurocorteccia. Questo riduce significativamente il rischio di sviluppare malattie mentali come l'ADHD (disturbo da deficit di attenzione e iperattività) o il PTSD (disturbo da stress post-traumatico). La condizione di coloro che soffrono di queste malattie migliora addirittura grazie alla coerenza e quindi anche al flusso. Esiste anche una coerenza psicologica, in cui i processi di pensiero di una persona sono logici. Anche questo è benefico per la psiche, perché i modelli di pensiero disturbati o i modi illogici di pensare favoriscono le malattie mentali.

La relazione tra i livelli emotivo e mentale non è l'unica cosa che viene migliorata dal flusso. C'è anche un rapporto ottimale tra l'io interiore e l'ambiente. Questo aspetto è di grande importanza per ogni individuo. Se si accettano solo le influenze esterne, è possibile che si perda il proprio io. Si diventa qualcuno che non si è e si è influenzati solo dagli altri. Se invece si ascolta solo se stessi, si possono sviluppare rapidamente isolamento, amarezza e un atteggiamento negativo nei confronti dell'ambiente. Questa relazione è quindi importante perché forma la propria persona, oltre a influenzare la socialità di una persona.

L'optimum di questo rapporto è stato dimostrato dal punto di vista medico, in quanto può essere determinato misurando la variabilità della frequenza cardiaca. Questa procedura misura la funzione cardiaca e il fattore di stress, che sono ottimali nel flusso. Da un punto di vista neurologico, il flusso è stato studiato in modo insufficiente finora, ma i primi risultati sono già disponibili. Una delle ricercatrici che si è concentrata su quest'area per un po' di tempo è Anne Dietrich.

Ha stabilito un legame tra la bassa attività della corteccia prefrontale e il flusso. Quest'ultima è responsabile delle funzioni cognitive, che includono l'autoriflessione e le funzioni di memoria come il richiamo. Questa attività ridotta deriva dalla regolazione dell'ipofrontalità. Questo può spiegare la sensazione di alterazione del senso del tempo, in quanto anche questo fa parte della percezione di sé.

Anche la regolazione del lobo prefrontale è alterata. Questo controlla la memoria e l'attenzione, nonché la consapevolezza sociale e il carattere. Tutti questi fattori sono influenzati durante l'esperienza di flusso. Soprattutto l'attenzione, che è completamente concentrata sull'attività nel flusso. Il flusso può anche essere misurato fisicamente attraverso vari mezzi, il che è un'ulteriore prova della sua esistenza. Da un lato, le interviste o anche i questionari, come il Flow Questionnaire, aiutano a scoprire se una persona ha sperimentato il flusso e quanto intensamente lo ha fatto. È sempre importante notare che ognuna di queste esperienze è individuale e che c'è solo una sovrapposizione. Questo questionario si occupa una volta di descrivere l'esperienza di flusso in termini di cognizione, motivazione, capacità e sfida. Poi riguarda la valutazione di diverse esperienze quotidiane e infine la cosiddetta esperienza anti-flusso.

Allo stesso tempo, c'è anche la scala degli stati di flusso, utilizzata di frequente, che è disponibile in una versione abbreviata e in quella originale. Nell'originale, ci sono circa 36 affermazioni diverse che si possono valutare in cinque dimensioni diverse. Queste includono le affermazioni se si è fortemente d'accordo, se si è d'accordo, se si è neutrali, se si è in disaccordo o se non si è affatto d'accordo.

Qui le affermazioni ruotano intorno alle dimensioni dell'equilibrio domanda-abilità, dell'attenzione, della definizione degli obiettivi, del feedback, della concentrazione e del controllo, della fusione con il compito, del passaggio del tempo e dell'esperienza autotelica. Ci sono quattro domande per ciascuna di queste dimensioni. Nella versione ridotta, c'è solo un'affermazione per ogni dimensione. I punti ottenuti alla fine decidono se e quanto si è perso nel flusso.

CHI SPERIMENTA IL FLUSSO?

Fondamentalmente, chiunque può sperimentare il flusso e goderne. Questo è il motivo per cui il flusso è percepito in modo così soggettivo, in quanto persone con esperienze e personalità diverse hanno descritto le loro esperienze di flusso. Tuttavia, è anche vero che alcune persone sono più predisposte all'esperienza del flusso rispetto ad altre. Alcuni tratti caratteriali rendono più facile lasciarsi andare e interessarsi alle cose.

Secondo gli studi, sono soprattutto le persone che si prendono cura di se stesse e svolgono le loro attività per se stesse piuttosto che per gli altri a entrare nel flusso. Queste persone hanno spesso un alto livello di curiosità, determinazione e raramente sono egoiste.

Le persone che soffrono di nevroticismo hanno meno probabilità di sperimentare il flusso, perché il nevroticismo genera reazioni molto emotive, che portano più rapidamente all'ansia e al dubbio. Poiché il flusso richiede un senso di controllo e di attenzione totale, queste persone hanno difficoltà a reprimere la loro emotività. Anche il senso del dovere contribuisce al flusso, in quanto a queste persone piace accettare sfide che non sono né troppo impegnative né troppo difficili.

Ma non sono solo i tratti caratteriali a influenzare

l'esperienza di flusso, ma anche le sensazioni. Dipende anche dalla soddisfazione, dalla motivazione e dal benessere della persona. Inoltre, è importante anche il modo in cui si valuta la propria capacità, perché questo permette di valutare quali compiti corrispondono alle proprie capacità e quali no. È necessario anche un basso livello di ansia, perché altrimenti si verrà influenzati emotivamente.

COME POSSO RAGGIUNGERE IL FLUSSO?

Conosce già le otto caratteristiche del flusso. Sebbene queste siano utili per capire come raggiungere il flusso, ci sono altri modi per sperimentare il flusso non solo in ambiti come lo sport o altre passioni, ma anche in luoghi come il posto di lavoro. È qui che trascorre gran parte della sua vita, il che rende ancora più importante trasformare questo luogo in qualcosa che porti gioia. Questo rende la vita ancora più degna di essere vissuta.

Come già detto più volte, una parte importante del flusso è il controllo. Senza il controllo sulla situazione, non si può entrare nell'esperienza del flusso, perché questo non permetterebbe di formare un'unità con l'attività stessa. Ottenere questo controllo non dipende necessariamente dal fatto che la nostra vita si stia svolgendo al di fuori del nostro pensiero desiderato, poiché non possiamo avere alcuna influenza su alcuni eventi, come la pandemia di Corona.

Per le persone che non hanno ancora imparato ad avere il controllo della situazione, non è mai troppo tardi, perché può sviluppare lei stesso questo senso di autodeterminazione e quindi fluire. Le cose che sfuggono al nostro controllo spesso ci rendono infelici perché ci sentiamo impotenti e senza potere.

Tuttavia, poiché si tratta di trovare la propria felicità, è ancora più importante che l'attività si svolga all'interno della nostra sfera di influenza, in modo da avere la sensazione di poter fare qualcosa contro qualsiasi fallimento ed evento negativo e di poterlo contrastare. Un'altra fonte di infelicità sono spesso i pensieri umani. Le preoccupazioni e le paure derivano dall'eccesso di pensieri, che possono generare insicurezza e togliere stabilità alla vita.

Spesso, questo rende molto pessimisti, poiché si parla male delle esperienze positive all'interno del proprio pensiero, oltre a passare in rassegna le numerose e varie possibilità in cui un evento potrebbe andare male. È proprio per questo che non bisogna pensare troppo, ma lasciarsi assorbire dall'azione in corso, altrimenti si perde il terreno sotto i piedi e non si possono sviluppare le proprie capacità reali.

Ma se i pensieri ci portano così tanta insoddisfazione, a cosa ci servono? Fondamentalmente, i pensieri servono per riflettere e quindi per poter correggere determinati comportamenti o errori. Ci aiutano anche a non agire in modo troppo impulsivo, ed è per questo che i dubbi non sono sempre necessariamente qualcosa di negativo. Poiché durante il flusso non si commettono quasi errori, non c'è bisogno di incertezze o correzioni. In questo caso, si tende ad agire perfettamente, concentrandosi solo sulle proprie azioni piuttosto che sui diversi scenari che potrebbero verificarsi. Alcuni individui sono persino in grado di trasformare i pericoli temuti o addirittura immaginati in qualcosa di positivo e possono così mettere ancora più energia nel flusso di lavoro.

Queste persone sono chiamate autoteliche. Ciò significa che non sono mai annoiate dalla vita o dagli eventi quotidiani e non cadono in dubbi su se stesse grazie al loro modo di pensare ottimista. Tuttavia, queste persone non sono necessariamente speciali, perché chiunque può diventare una persona autotelica. Un esempio è il cosiddetto "Joe il saldatore". Questa persona lavora come saldatore, un lavoro molto faticoso e spesso noioso.

Inoltre, di tanto in tanto ci possono essere problemi con i clienti, per cui non tutti ritraggono questa professione come necessariamente grata. Un giorno Joe riceve un'offerta di promozione. Questa non solo aumenterebbe il suo stipendio, ma lo libererebbe anche dallo sforzo fisico e dai clienti maleducati. Tuttavia, invece di accettare la promozione, decide di continuare a lavorare come saldatore. Perché? Perché non solo gli piace la sua vocazione, ma l'ha anche perfezionata nel corso degli anni, ha acquisito nuove competenze e, di conseguenza, è arrivato a vedere il suo lavoro sempre meno come un lavoro e più come un hobby. Non è annoiato dal suo lavoro e non dubita di se stesso o delle sue capacità. Al contrario, ne è sicuro e si immerge nel flusso quando lavora.

Il suo lavoro e la sua attività di saldatore lo rendono felice. Una persona non autotelica, invece, probabilmente avrebbe accettato immediatamente una promozione, perché percepisce il lavoro come un oggetto di odio e quindi si dispera. Tuttavia, non sa che probabilmente si sentirà allo stesso modo in seguito con la sua nuova posizione lavorativa, perché manca il flusso.

COME POSSO DIVENTARE AUTO-TELICO ORA?

Poiché autotelia e flusso vanno praticamente di pari passo, anche le condizioni sono molto simili.

Ha bisogno, proprio come per l'esperienza del flusso, di un obiettivo da perseguire e che le offra un feedback immediato. Senza un obiettivo, spesso manca la spinta, altrimenti un'attività può sembrare rapidamente inutile.

Tuttavia, non è importante solo l'obiettivo, ma anche l'azione stessa. È necessario essere in grado di immergersi in essa. Ciò significa che non è necessario alcuno sforzo per completarla e che ci si può concentrare completamente sul proprio compito. Non solo si raggiunge l'obiettivo più rapidamente, ma ci si perde anche nell'attività, evitando così distrazioni e pensieri fastidiosi.

Di grande importanza è anche la capacità di prestare attenzione al momento stesso. Spesso le persone cadono in un certo schema di preoccupazioni o anche di speranze per il futuro, oppure pensano a lungo al passato che è per sempre immutabile.

Questo è dannoso per la felicità di una persona,

perché se si pensa solo a ciò che deve venire o al passato, invece di vivere nel qui e ora, probabilmente sarà sempre così, perché ci saranno sempre cose nella nostra vita che rimpiangeremo, così come sempre nuove preoccupazioni che faranno sembrare il nostro futuro peggiore di quanto probabilmente sarà. Se non si vive nel tempo presente, non ci si può perdere in un'azione o essere grati per il bene della vita. Un altro aspetto da considerare descrive la comprensione delle proprie capacità. È impossibile godere di qualcosa che non corrisponde alle proprie capacità, perché in questo modo non si può mai soddisfare se stessi o gli altri. Si dovrebbe invece ricorrere alle attività in cui si è bravi, il che permette di migliorare costantemente e in modo continuo le proprie capacità, portando alla fiducia in se stessi e all'orgoglio.

Pertanto, le persone autoteliche che sono in flusso migliorano ripetutamente le loro capacità. Pertanto, sono anche in grado di affrontare sfide sempre più difficili nel tempo, il che spesso porta all'ottimismo, poiché si ha la sensazione di poter affrontare tutto nella vita. Se non si affrontano nuove sfide e si cerca di rimanere nei propri limiti e quindi al sicuro facendo sempre le stesse cose, la noia subentra rapidamente e non si possono migliorare le proprie capacità. Questo sarebbe dannoso per la propria felicità. Buoni esempi di tali azioni sono lo sport e i videogiochi.

Quando inizia un nuovo sport, potrebbe non essere pronto a praticarlo per molto tempo, come il jogging, perché la sua resistenza deve svilupparsi e migliorare. Se corre con costanza più e più volte, la sua resistenza migliorerà e non solo sarà in grado di correre più a lungo, ma anche di percorrere più chilometri più velocemente.

I videogiochi sono spesso già adattati al livello di abilità del giocatore. Il primo livello è percepito come facile dalla persona che sta giocando, in quanto deve prima adattarsi ai controlli e alla natura del gioco. In questo modo, si impara a conoscere il funzionamento del gioco e il modo migliore per completarlo. I livelli diventano sempre più difficili e spesso è necessario più di un tentativo per completarli.

Grazie a questa pratica, l'individuo che gioca trova più facile eseguire determinati comandi. Se l'ultimo livello fosse lo stesso del primo, si diventerebbe rapidamente poco esigenti, perché non corrisponderebbe ulteriormente alle abilità migliorate. Il problema di queste attività, tuttavia, è che possono portare molto presto alla dipendenza, in quanto ci si concentra solo, ad esempio, sui videogiochi, trascurando il resto della vita e ulteriori esperienze di flusso. Una dipendenza causa anche una perdita di controllo. Si è nuovamente esposti a cose che non si possono influenzare o che si possono influenzare solo con grande difficoltà. Questa compulsione porta quindi a diventare infelici. Pertanto, si dovrebbero eseguire queste azioni regolarmente, ma anche con pause e intervalli sufficienti in cui ci si occupa di altre aree della vita.

In un certo senso, il flusso è paragonabile alla cosiddetta mindfulness buddista. Si tratta di uno stato in cui si è consapevoli solo di ciò che è presente e dei propri processi di pensiero e sentimenti, senza giudicarli. L'obiettivo, come nel caso del flusso, è quello di creare uno stato di nuda attenzione.

Allontanando ogni giudizio da se stessi, non si è disturbati dal dubbio o dall'autocritica, come si dice avvenga anche nell'esperienza del flusso. L'obiettivo del Buddismo è anche chiamato "moksha", che descrive la liberazione da ogni negatività. Questo potrebbe essere utilizzato anche per descrivere l'obiettivo del flusso, in quanto si tratta dell'obiettivo di diventare felici, che esclude la negatività. Lo yoga è molto utile per raggiungere questa consapevolezza e fare il primo passo verso l'autotelia. Qui ci si concentra solo su ciò che accade nel qui e ora, e si rivolge la concentrazione completa al proprio corpo e alla propria mente. Questo è un buon esercizio per imparare a liberarsi dalle distrazioni indesiderate e a massimizzare l'attenzione.

Poiché molti ritengono che lo yoga sia discutibile, ci sono anche altri modi per migliorare la propria consapevolezza. Questa può essere migliorata anche facendo cose quotidiane come mangiare, cucinare o leggere. Soprattutto quando si legge, perché si possono fare progressi solo con una vera concentrazione, altrimenti il significato di alcune frasi spesso non è immediatamente chiaro.

Un altro paragone calzante con l'esperienza del flusso è descritto da Freud. Ci si rafforza con ogni immersione nel flusso, cosa che anche Freud ha cercato di fare. Si confronta particolarmente bene con la sua costruzione dell'id, dell'ego e del superego. Qui, c'è un conflitto costante tra l'id e il superego. L'Es trasmette alcuni impulsi all'Io e al Super-Io. Nel caso della mindfulness, un impulso sarebbe quello di divagare e concentrarsi su qualcos'altro. Il superego si chiede se deve seguire l'impulso o meno. A differenza dell'Es, non simboleggia i propri desideri e volontà, ma piuttosto le norme e i valori sociali. L'Es e il Super-Io sono spesso in disaccordo in questo caso, perché il Super-Io percepisce che il desiderio non è accettato dalla società.

L'Io pone fine al conflitto tra i due, prendendo una decisione che tiene conto di entrambe le parti. Nell'esempio precedente, l'Io deciderebbe in modo ottimale di non essere distratto, ma di continuare a concentrarsi su se stesso e sulla sua attività.

Con l'evoluzione da autotelico a flusso, le abilità che le persone autoteliche già possiedono vengono solitamente affinate e rafforzate. Anche se si continua a perseguire un obiettivo, questa non è più l'unica motivazione per perseguire un'azione. Si è allora intrinsecamente motivati, il che significa che l'attività stessa motiva.

Si sviluppa anche il cosiddetto canale del flusso, che descrive un equilibrio perfetto tra richieste inferiori e superiori, evitando la negatività. Secondo gli studi, il flusso non deriva solo da questo equilibrio tra capacità e richieste, ma sono essenziali anche ulteriori sviluppi. Senza questo, si elaborerebbe costantemente lo stesso livello di difficoltà, il che porterebbe anche all'insoddisfazione e alla noia nel lungo periodo.

Secondo ulteriori studi, tuttavia, esiste una connessione tra flusso, uso di droghe e attività illegali. L'aspetto delle droghe può essere spiegato principalmente dal fatto che le droghe possono presumibilmente aiutare a scendere e quindi a non continuare a essere influenzati da emozioni o pensieri negativi. Tuttavia, ciò che non viene preso in considerazione è che le droghe diventano una distrazione nel tempo, in quanto difficilmente ci si può concentrare su qualcos'altro quando i pensieri ruotano solo intorno alla dipendenza e alle voglie. E anche se si riesce a concentrarsi, non si riesce a realizzare le proprie capacità a causa delle conseguenze negative del consumo di droga.

Altri studi sottolineano che le esperienze di flusso sono una protezione contro le influenze negative, il che è una forte contraddizione. Per raggiungere questo obiettivo, è importante non mettersi sotto pressione nel caso in cui non riuscisse a raggiungere il flusso immediatamente o addirittura ogni volta; questo è perfettamente normale. Questa pressione crea stress, che la allontana ancora di più dalla consapevolezza, il che potrebbe farla disperare e ricorrere a mezzi sbagliati. Inoltre, non bisogna concentrare la propria capacità di sperimentare il flusso solo su un'attività, ma creare una varietà, in modo che non ci sia dipendenza dall'azione.

DOVE VIVERE AL MEGLIO IL FLUSSO

È interessante notare che le condizioni di flusso sono meno spesso soddisfatte nel tempo libero rispetto al lavoro. Ciò significa che si raggiunge questo flusso di energia molto più frequentemente e rapidamente quando si è sul posto di lavoro. Ciò è dovuto principalmente al fatto che al lavoro ci si dedica a una determinata attività in cui è già presente un obiettivo.

Per esempio, se si lavora nel settore bancario e si riceve l'incarico di verificare l'affidabilità creditizia di un cliente, l'obiettivo è completare l'incarico e dare una valutazione. Tuttavia, se si è a casa o si utilizza il proprio tempo libero, spesso non si ha un obiettivo. Si cerca di trascorrere il tempo nel modo più produttivo o rilassato possibile, il che spesso porta a fare diverse cose contemporaneamente e anche a fare confusione. Da un lato, questo impedisce di concentrarsi su un'azione specifica, perché c'è sempre qualcosa che deve essere fatto o che si vorrebbe fare. Dall'altro lato, non c'è un obiettivo concreto da perseguire.

Nel tempo libero, è più probabile che sperimenti la sensazione di flusso quando guida o trascorre del tempo con i suoi cari. Quando guida, una forte concentrazione è un prerequisito per arrivare in sicurezza e non mettere in pericolo gli altri utenti della strada. L'obiettivo qui, ovviamente, descrive l'arrivo.

Può anche addolcire ulteriormente il viaggio con musica soft o qualcosa di simile, ed è per questo che lo scorrere del tempo è così improvviso e facile. Quando trascorre del tempo con amici o familiari, si concentra anche solo sul parlare con loro o sulle cose che fate insieme. Gli obiettivi possono essere quelli di rallegrare qualcuno, trovare un vestito o scambiare idee con qualcuno che può darle buoni consigli.

Il flusso al lavoro

NOIA AL LAVORO

Molte persone si lamentano di essere più che annoiate durante l'orario di lavoro. Di conseguenza, il tempo sul posto di lavoro passa e la giornata sembra non avere fine. È quindi comprensibile che non si abbia il desiderio di tornare in questo posto il giorno successivo e si aspetti solo la prossima vacanza. Anche se ha il lavoro dei suoi sogni, ci sarà sempre la noia.

Questo è dovuto principalmente al fatto che le abitudini e le routine si formano nel tempo. Non è necessariamente importante che lei debba sbrigare le normali pratiche burocratiche di giorno in giorno o che sia un atleta agonista. In entrambi i casi, a un certo punto non sarà più emozionante come un tempo. L'individuo che è sempre in ufficio finirà per stancarsi della stessa struttura di lavoro e probabilmente delle stesse quattro mura.

Gli atleti competitivi possono non avere orari di lavoro fissi, ma la loro routine quotidiana è rigorosamente strutturata. Probabilmente si alzano sempre alla stessa ora, seguono la stessa dieta e si dedicano regolarmente all'allenamento. Questo può anche diventare noioso. All'inizio, tutto sembra molto eccitante perché è nuovo per lei. Non è familiare. All'inizio può sembrare molto demotivante, ma questa noia non deve essere necessariamente negativa.

Da un lato, promuove la creatività; se le piace sempre la stessa routine, rimarrà sempre bloccato in essa. Se invece la trova fastidiosa, con il tempo emergono modelli di pensiero alternativi. Si diventa creativi perché c'è il desiderio di qualcosa di nuovo. E naturalmente, la noia può aiutare a rilassarsi. Un cardiochirurgo, invece, che deve eseguire un'operazione salvavita ogni secondo, sarebbe costantemente sotto pressione. Per prima cosa, questo non solo è negativo per la salute, ma può anche portare a errori o a una mancanza di concentrazione, che in questo caso sarebbe fatale. Ma se ci annoiamo, possiamo attingere nuove forze per i tempi a venire, il che aumenta sempre la nostra energia.

Tuttavia, esiste una forma negativa di noia, chiamata amnesia da variante. Nell'amnesia, si dimenticano parti della propria vita, in modo temporaneo o permanente. In questo caso, invece, si dimenticano le tante cose diverse che possiamo realizzare nella nostra vita, il che deriva dal concentrarsi solo su una cosa in particolare, come il lavoro, che potrebbe farci dimenticare completamente il tempo libero o i contatti sociali. Per evitare questo, è importante portare la varietà nella propria vita fin dall'inizio.

Invece di guardare lo stesso film ogni giorno, di usare lo stesso percorso quando va a fare una passeggiata, dovrebbe anche guardare una serie ogni tanto e percorrere un percorso diverso. Questo può essere molto utile perché l'attenzione non si sofferma più su un unico compito. E se si verifica una forma di noia, in cui il divertimento si è esaurito con il passare del tempo, si dovrebbe cercare di concentrarsi su qualcos'altro, almeno temporaneamente, prima di continuare con l'attenzione precedente. Per quanto riguarda il lavoro, ci possono essere diverse cause che possono portare a uno stato di noia e insoddisfazione.

In primo luogo, naturalmente, potrebbe essere la professione stessa. Una persona che ama le avventure e ama stare in giro tutto il giorno non troverà piacere nell'archiviazione o nella riformattazione. La noia sarebbe pre-programmata in questo caso. Se possibile, dovrebbe cercare un lavoro che corrisponda ai suoi interessi e ai suoi hobby. Se non è così facile, dovrebbe almeno cercare qualcosa che abbia una certa sovrapposizione con le sue preferenze. Come è stato spesso menzionato, un altro fattore di rischio per la monotonia è la mancanza di sfide.

Ha bisogno di sfide che corrispondano alle sue capacità. Senza una sfida, è talmente demotivato che si annoia prima ancora di iniziare il compito. In alcuni giorni ci saranno sempre compiti più facili che non rappresentano una sfida, quindi può utilizzare le pause per creare delle sfide per se stesso. Ad esempio, leggere il capitolo successivo del libro attuale o fare una passeggiata di due chilometri. E durante il lavoro stesso, può anche sfidare se stesso. Può farlo - ovviamente nei limiti del ragionevole - rendendo le condizioni dell'attività più difficili per lei, ad esempio cercando di completare il lavoro in solo mezz'ora.

A nuocere all'umore sul lavoro sono anche i colleghi o i capi di lavoro di cattivo umore o ugualmente annoiati, in quanto questo stato d'animo può essere definito contagioso. In questo caso, tutti dovrebbero cercare di motivarsi insieme. Tuttavia, se non riesce a trovare un denominatore comune con i suoi colleghi, dovrebbe prendere in considerazione la possibilità di cambiare lavoro, in quanto un ambiente sociale sgradevole al lavoro può rendere rapidamente infelici.

Adottando queste misure per contrastare la noia sul lavoro, è possibile ripristinare l'attenzione sul lavoro e la concentrazione, creando così le condizioni per l'esperienza del flusso. L'insoddisfazione sul lavoro può anche portare a una mancanza di felicità nella vita stessa.

COME RAGGIUNGERE PIÙ FA-CILMENTE IL FLUSSO SUL LA-VORO

Il datore di lavoro di solito fissa alcuni obiettivi sul posto di lavoro, come ad esempio terminare una relazione entro la prossima settimana o riordinare gli scaffali entro sera. Ma questi obiettivi a volte possono anche essere piuttosto inefficaci, perché a volte deve passare del tempo prima di raggiungerli.

Pertanto, può essere molto utile fissare degli obiettivi anche per se stesso, dividendo il grande obiettivo in piccoli obiettivi, per così dire. Ad esempio, invece di pensare che la relazione deve essere terminata entro venerdì, può porsi l'obiettivo di aver scritto un certo numero di parole oggi. Questo le darà anche un senso di realizzazione più motivante, in quanto raggiungerà molti obiettivi in breve tempo. Un altro aiuto legato agli obiettivi sarebbe quello di scriverli, oltre alle azioni da intraprendere per raggiungerli. In questo modo, non si perde l'orientamento e si tiene presente che è possibile raggiungere questa aspirazione, rendendola così tangibile. Se la sensazione di noia sorge anche se ha già preso tutte le misure possibili, può anche essere una buona idea occuparsi di qualcosa di nuovo. Questo può aiutarla a trarre nuova forza e a trovare nuova ispirazione, il che può sicuramente avere un effetto positivo sulla sua vita professionale e privata.

Anche se spesso è difficile, soprattutto quando si trova in situazioni di vita difficili, dovrebbe cercare di rimanere il più possibile ottimista e riconoscere i pensieri negativi, il che le permetterà anche di sostituirli rapidamente con quelli positivi. Se rimane pessimista, è quasi impossibile entrare nell'esperienza del flusso, perché mancano la concentrazione e la motivazione.

Soprattutto nei settori professionali in cui trascorre la maggior parte del tempo al chiuso e seduto, è consigliabile alzarsi e muoversi tra una pausa e l'altra. Se necessario, può anche utilizzare le pause per questo scopo. Il movimento rilascia endorfine e l'aria fresca spesso aiuta a combattere il mal di testa.

Un luogo di lavoro pulito e ordinato è spesso importante anche per quanto riguarda la motivazione e il benessere. Già non ha voglia di entrare in ufficio quando sa che il caos e il disordine sono in agguato. Se, nonostante tutti i suoi tentativi, non riesce a entrare nel flusso, non c'è da preoccuparsi. Persino una persona autotelica non è sempre in sintonia con il flusso, quindi è perfettamente normale se non funziona per un po'. Ma vivrà meglio il flusso successivo.

L'importanza del flusso

PERCHÉ IL FLUSSO È COSÌ IM-PORTANTE?

Uno dei motivi principali per cui il flusso è di così grande importanza è che previene lo stress, che è noto per essere negativo per le persone.

Una domanda importante è innanzitutto cosa sia effettivamente lo stress. In generale, si tratta di un meccanismo naturale che aiuta gli esseri umani a sopravvivere alle minacce, innescando la modalità di lotta o fuga. Nella maggior parte dei casi, il corpo è colpito dallo stress solo per un breve periodo di tempo, in modo da diventare più vigile e sviluppare pienamente le proprie capacità, proprio per garantire la sopravvivenza. Un tipo di stress è descritto come eustress, che può essere considerato piuttosto positivo, in quanto rilascia gli ormoni della felicità e garantisce una maggiore fiducia in se stessi. Tuttavia, se si verifica uno stress cronico, o dis-stress, questo ha molte conseguenze negative per la psiche e il corpo, in quanto l'organismo rimane costantemente in una sorta di modalità di allarme.

I fattori scatenanti dello stress sono molto individuali, in quanto persone diverse percepiscono stimoli diversi come leggermente o fortemente spiacevoli. Tuttavia, ci sono fattori di stress che innescano l'effetto stress nella maggior parte delle persone. Alcuni esempi sono i conflitti con gli altri esseri umani, la pressione, la tristezza, l'eccesso di lavoro, la pressione sulle prestazioni e le preoccupazioni.

L'effetto dello stress è innescato dal cervello, che rilascia ormoni dello stress come l'adrenalina o il cortisolo. Questi hanno un'influenza su diversi processi metabolici, motivo per cui le conseguenze possono essere fatali.

Se il cervello rilascia ripetutamente o addirittura in modo permanente i suddetti ormoni, ciò ha molte conseguenze negative. Per prima cosa, la pressione sanguigna aumenta perché il battito cardiaco aumenta e pompa il sangue più velocemente attraverso le vene. Questa azione consuma più energia rispetto alla pressione sanguigna normale. Pertanto, il corpo è costretto a risparmiare l'energia di cui ha bisogno altrove. Di solito lo fa nell'area della digestione, che può portare a stitichezza e spesso a problemi di stomaco.

Il battito cardiaco accelerato spesso induce le persone a inspirare ed espirare rapidamente, il che si chiama respirazione superficiale, perché lo stress provoca il panico. Questo fa sì che il cervello ottenga meno ossigeno, poiché la respirazione non ne assorbe più a sufficienza, il che è insufficiente per il cervello. Questo porta rapidamente a una diminuzione della memoria a lungo e a breve termine e a mal di testa. L'attività cerebrale si deteriora quindi.

Come molti già sanno, questo porta a muscoli molto tesi, soprattutto nella zona delle spalle, del collo e della schiena, poiché i muscoli qui hanno un migliore afflusso di sangue. A lungo andare, questo può diventare molto doloroso e portare a crampi. Inoltre, questo rende difficile rilassarsi, il che significa che lo stress rimane per un po' di tempo. Un altro grande svantaggio è che porta a un indebolimento del sistema immunitario. Questo comportamento di stress del corpo blocca le cellule di difesa. Di conseguenza, ci si ammala più rapidamente e le proprie condizioni peggiorano.

Spesso si verificano anche disturbi del sonno e quindi una forte stanchezza. Anche se sente di dover dormire per tutta la settimana, non riesce ad addormentarsi la sera. Il suo cuore e i suoi pensieri corrono, sta già pensando a tutto ciò che deve fare o pagare per il giorno successivo o per il mese successivo. Non dormire a sufficienza ha anche conseguenze negative per l'organismo, ad esempio peggiorando il sistema immunitario. Molte persone affette da stress cronico soffrono anche di emicranie gravi, che sembrano sempre tornare. Ha un dolore lancinante nella

Il suo cranio si sente come se qualcuno lo stesse colpendo con un martello, la sua vista si deteriora e la circolazione va in tilt. Se deve anche darsi malato, questo provoca ancora più stress, perché come fa a fare tutto quello che deve fare? Anche la libido diminuisce nel tempo, il che è fatale per la salute, poiché i rapporti sessuali o la masturbazione, da un lato, rilasciano dopamina e serotonina, i noti ormoni della felicità, ma dall'altro rafforzano il sistema immunitario, rendendola meno suscettibile alle malattie e, soprattutto, alle malattie gravi.

Tutte queste sensazioni e disturbi hanno un'influenza molto negativa su di noi, sulla nostra anima e sulla nostra stessa vita, anche a breve termine. Poiché il corpo è sottoposto a grandi tensioni, questo porta a malattie più gravi, che spesso possono essere permanenti o di lunga durata. Queste possono essere psicologiche o fisiche. Dal punto di vista fisico, si può trattare di malattie cardiovascolari, ad esempio, che sono principalmente legate alla pressione alta e alla circolazione rapida.

Tuttavia, può anche portare a fenomeni come il diabete, che ha un grande impatto sulla vita, in quanto l'alimentazione fa parte della vita quotidiana di noi esseri umani e quindi svolge un ruolo importante. Anche le eruzioni cutanee possono essere una conseguenza, che non solo sono dolorose e angoscianti, ma spesso provocano anche vergogna se si trovano in punti visibili, anche se non è colpa della persona. Le persone che soffrono di neurodermite lo notano in modo particolare, poiché l'infiammazione e il prurito della pelle si intensificano. Se si cerca di fermarla grattandosi, l'infiammazione peggiora progressivamente. Se non si gratta, il prurito aumenta ancora di più. Questo è anche il caso della psoriasi e della malattia dell'orticaria.

A causa della modalità di risparmio energetico

dell'organismo, oltre ai problemi di stitichezza, bruciore di stomaco, diarrea e persino di ulcere gastriche che devono essere trattate immediatamente.

Anche il cervello stesso viene sopraffatto dallo stress costante, che può portare a un restringimento della funzione cerebrale e a una diminuzione delle vie nervose. Questo può anche portare a un ictus. Come può vedere, tutte le aree del corpo sono influenzate dallo stress. Gli organi sensoriali non sono ancora stati menzionati, ma anch'essi possono subire dei danni.

Questi si verificano principalmente nell'area uditiva, ad esempio sotto forma di acufene, attraverso il quale gli individui spesso percepiscono un suono acuto che però non proviene dall'esterno. Può anche verificarsi una perdita dell'udito, in cui la circolazione sanguigna disturbata porta a una perdita unilaterale dell'udito. Dal punto di vista psicologico, molti pazienti affetti da stress soffrono di burn-out, che mette completamente fuori gioco, per così dire, e si spegne come una candela.

Può anche verificarsi una depressione permanente, che rende difficile portare a termine le cose, che possono diventare ancora più stressanti. Allo stesso tempo, si avverte un forte senso di emozioni negative, come un'intensa tristezza o una sensazione di vuoto emotivo. Entrambe le cose possono essere molto angoscianti, in quanto le persone affette da depressione percepiscono sia l'emozione schiacciante dell'assenza di significato, sia la totale mancanza di qualsiasi tipo di sentimento, tanto da togliere la gioia di vivere.

Inoltre, si avverte spesso una grande solitudine, poiché l'ambiente sociale spesso non ha molta comprensione per queste situazioni, in quanto spesso ci si limita a funzionare. Quando improvvisamente questo non è più possibile, molte persone non capiscono. Ma non solo il caso estremo di stress cronico può portare a tali conseguenze, ma anche cose quotidiane come l'insoddisfazione. Se si è permanentemente insoddisfatti o costantemente tormentati da essa, ci si ammala anche. E le malattie e il dolore ad esse associato portano a una nuova insoddisfazione, perché non si è più in grado di realizzare le cose come si faceva prima.

Anche in questo caso, si avverte un senso di solitudine, in quanto sembra che le persone intorno a lei continuino a vivere la loro vita e a godersela, mentre lei stesso si sente intrappolato. Oltre a questo, può anche essere difficile continuare a socializzare con questi sentimenti negativi. Naturalmente, questo rafforza ancora di più l'impressione di essere solo, perché lo è molto spesso.

Questo comporta molta frustrazione. Non solo in relazione al mondo, perché di solito ci si sente trattati ingiustamente da esso in queste situazioni, ma anche a un certo punto a causa del fatto che ci si incolpa rapidamente di essere arrivati dove si è ora, anche se questo non è giustificato. Ci si confronta con altri esseri umani e non si capisce perché non si riesca a vivere come loro. L'insoddisfazione può anche portare a gravi problemi psicologici, come la depressione o i disturbi d'ansia, che possono anche trasformarsi rapidamente in una malattia cronica. E uscirne può rivelarsi molto difficile e dispendioso dal punto di vista energetico. Ed è proprio per questo che il flusso è così importante. Si tratta di un modo in cui ogni individuo in questo mondo, indipendentemente dalla cultura, dall'origine o dal sesso, può diventare felice. Anche se spesso questa felicità non si rivela permanente, è comunque importante perché ci fa dimenticare lo stress o addirittura l'insoddisfazione. Grazie al flusso, possiamo quindi rimanere in salute, il che è certamente una priorità per lei.

ECCO COSA FA LA FELICITÀ AL NOSTRO CORPO

Così come il cervello rilascia ormoni durante lo stress, lo fa anche durante le sensazioni di felicità.

Un ormone della felicità molto noto è la dopamina, che viene rilasciata dai neuroni del mesencefalo prima di essere trasmessa al prosencefalo inferiore e al cervello frontale. Nel prosencefalo, i neuroni producono ora sostanze che possono essere paragonate all'oppio, in quanto a volte producono uno stato simile all'intossicazione. Nel cervello frontale, si verifica un aumento delle prestazioni cerebrali, che rafforza l'attenzione e la memoria. La dopamina è spesso associata all'anticipazione. La sua funzione è quella di trasmettere gli stati emotivi e le emozioni, ma anche la circolazione sanguigna e la funzione degli organi interni e dei muscoli. Spesso la dopamina si ottiene all'aria aperta e attraverso l'esercizio fisico, il che probabilmente spiega perché molti atleti competitivi hanno spesso l'esperienza del flusso, in quanto hanno un'elevata produzione di dopamina.

La dopamina è importante anche perché l'ormone della felicità, la noradrenalina, viene prodotto dalla dopamina. Questa produzione avviene nel sistema nervoso centrale e nelle ghiandole surrenali durante lo stress, che può essere di origine fisica e psicologica. La noradrenalina la mantiene vigile e attenta nelle situazioni di stress, consentendole di affrontarle.

La noradrenalina aumenta anche la motivazione, che è importante per il flusso, soprattutto nella forma interna, così come le prestazioni, che possono essere aumentate nel flusso. Anche la serotonina è di grande importanza. È coinvolta nei processi che avvengono nel sistema nervoso centrale. Influenza la qualità e la quantità del sonno, la percezione del dolore, il comportamento sessuale e lo stato emotivo. La serotonina viene rilasciata principalmente in primavera e in estate, perché la luce aumenta la produzione e il rilascio di questo ormone. In inverno, avviene il contrario e prevale l'antagonista della serotonina, la melatonina.

La sua funzione è quella di consentire il sonno, che si verifica principalmente al buio, motivo per cui viene secreta maggiormente nei mesi bui. Questo spesso porta a una forte stanchezza e pigrizia. Inoltre, può portare a una riduzione della libido, a un cattivo umore e a una forte ansia, che sono conseguenze della carenza di serotonina. Tuttavia, non è necessaria solo la luce, ma anche una dieta equilibrata, in quanto il triptofano viene assorbito attraverso questa, che è anche necessaria per la produzione di serotonina.

Le endorfine, invece, vengono rilasciate durante le lesioni che provocano gravi forme di dolore. Alleviano il dolore e forniscono una sorta di ebbrezza in cui il dolore è sopportabile e sopportabile. Regolano anche la sensazione di fame e il desiderio sessuale. Le endorfine vengono rilasciate principalmente attraverso l'esercizio fisico, motivo per cui molti individui riferiscono il cosiddetto "sballo del corridore". Questo perché sono molto esausti, ma non notano quasi il dolore muscolare e la fatica, perché la serotonina e le endorfine rilasciate li annullano.

Un altro ormone ben noto, che probabilmente tutti incontrano una o più volte nella vita, descrive l'ormone della felicità, la fenetilammina. È responsabile delle sensazioni di piacere e felicità e viene rilasciato da fattori sia fisici che psicologici. Un motivo fisico qui descrive, ad esempio, gli sport di resistenza. Un fattore emotivo in questo caso è il sentimento dell'amore. Se si è innamorati, la fenetilamina fornisce le note sensazioni di farfalle nello stomaco, palpitazioni cardiache rapide e un'improvvisa mancanza di concentrazione.

L'ingrediente finale di questa importante serie è l'ossitocina. Questa è spesso nota per avviare il travaglio al termine della gravidanza e la produzione di latte. Poiché queste situazioni possono essere molto stressanti, l'ossitocina riduce l'ansia e lo stress. Allo stesso tempo, promuove un senso di benessere, la capacità di empatia e le abilità sociali. Ecco perché viene secreta soprattutto nei momenti caratterizzati da amore e fiducia.

Anche se tutti questi ormoni della felicità sembrano essere attivati in modo facile e veloce, il cervello li scompone di nuovo molto rapidamente. Il motivo di questa situazione può essere spiegato da un esperimento condotto da James Odis negli anni '50, in cui gli ormoni della felicità dei ratti sono stati attivati in modo permanente, il che li ha portati alla morte, in quanto hanno dimenticato di mangiare, bere e dormire a causa di questa sensazione positiva.

Tuttavia, tutti i momenti caratterizzati dalla felicità hanno conseguenze positive per la nostra salute. Gli studi hanno dimostrato che le persone il cui benessere è particolarmente forte mangiano in modo più sano e sono più propense a scegliere la frutta piuttosto che il cioccolato. Soprattutto, una dieta sana riduce anche il rischio di soffrire di diabete o di malattie cardiache. Inoltre, i loro livelli di attività fisica sono più elevati rispetto a quelli delle persone infelici. La soddisfazione porta anche a dormire meglio la notte. Questo porta a un aumento della concentrazione e della produttività, e anche un peso corporeo sano è più probabile. Mentre lo stress indebolisce il sistema immunitario, la felicità lo migliora. Il motivo potrebbe essere l'alterazione dell'attività dell'asse ipotalamo-ipofisi-surrene, che regola anche il sistema immunitario.

Lo stress provoca alti livelli di cortisolo e anche di adrenalina. Tuttavia, le persone felici hanno livelli di cortisolo meno elevati, il che protegge dagli effetti collaterali dello stress.

Le persone felici spesso ridono molto. Questo è un aspetto positivo, perché la risata e i sentimenti di felicità abbassano la pressione sanguigna, riducendo in modo significativo la probabilità di soffrire di malattie cardiache. Poiché la felicità ha tanti effetti benefici per la salute, allunga persino la vita, secondo uno studio. Le persone infelici hanno un rischio maggiore del 14% di morire prima.

Soprattutto, la felicità ha anche forti vantaggi quando si tratta di invecchiare. Riduce il dolore. I pazienti affetti da artrite, un'infiammazione delle articolazioni, ne traggono beneficio in particolare perché aumenta il loro raggio di movimento, il che può anche rallentare la progressione del dolore. È comprensibile che gli ormoni della felicità giochino un ruolo importante, soprattutto sul lavoro. Come già detto, vi trascorriamo gran parte della nostra vita e ci sono anche molti giorni che preferiremmo trascorrere a casa o altrove.

Per promuovere i suddetti ormoni della felicità e anche il flusso, si possono creare condizioni migliori sul posto di lavoro. Se lavora in un ufficio, ad esempio, dovrebbe renderlo il più luminoso possibile, in quanto questo rilascia più serotonina e altrimenti porta alla pigrizia. È anche pratico praticare un po' di sport durante le pause o farlo nel tempo libero, in modo da rilasciare endorfine e dopamina. Naturalmente, non è sempre possibile soddisfare tutti questi punti e attenersi a uno stile di vita sano in ogni momento, ma anche nelle situazioni di stress viene rilasciata la noradrenalina, che consente anche di uscirne rapidamente.

CHE COSA HA A CHE FARE
TUTTO QUESTO CON IL FLUSSO?

L'esperienza del flusso elimina molto stress dalla vita di un individuo, in quanto rende più piacevoli molte attività, anche il lavoro più faticoso. Questo favorisce la salute fisica e mentale, che dovrebbe essere di primaria importanza, visto che difficilmente possiamo vivere senza. Anche se soffriamo di malattie curabili, come il diabete, a causa dello stress, questo rende la nostra vita più difficile, perché queste malattie durano tutta la vita e spesso sono anche molto debilitanti.

Ecco perché è molto importante capire quali sono le conseguenze negative che possono essere evitate grazie al flusso. È qui che si verificano i sentimenti di felicità e quindi le influenze positive sul nostro corpo e sulla nostra anima. E questa dovrebbe essere la nostra priorità.

FLUSSO, SÌ O NO?

C'è una risposta molto chiara a questa domanda: sì. Come questo libro le ha mostrato, il flusso è una capacità che ogni persona possiede e può anche utilizzare. Ci sono alcune condizioni che non solo rendono più probabile l'esperienza del flusso, ma la rafforzano anche. Questo porta a una maggiore soddisfazione nella vita e si è felici più spesso. Non si è appesantiti dal lavoro che si deve svolgere quasi ogni giorno, ma ci si può godere il tempo che vola e ci si avvicina già alla prossima vacanza quasi senza accorgersene. Molte persone sperimentano lo stress soprattutto sul lavoro, ma grazie all'evento di flusso è spesso possibile evitarlo.

Tuttavia, non bisogna esercitare troppa pressione su se stessi, perché questo interromperà l'esperienza del flusso, ma essere consapevoli che ci saranno sempre dei giorni in cui non si entra nel flusso, il che è del tutto naturale. Tutti avranno momenti di stress e di insoddisfazione nella loro vita, perché questo è abbastanza normale per noi esseri umani e fa parte della vita. Un vantaggio di questo è che ci fa apprezzare ancora di più i momenti di felicità, proprio come il flusso, e possiamo condurre la nostra vita in modo normale.

Le situazioni di stress di per sé non sono una causa diretta di preoccupazione, ma se lei è costantemente sotto pressione, questo può avere molto rapidamente un effetto negativo sulla sua salute. Ecco perché il flusso e gli ormoni della felicità associati sono così importanti. Non solo rendono la nostra vita più facile e piacevole, ma migliorano anche la nostra salute e riducono la nostra predisposizione ad alcune malattie. La nostra competenza sociale aumenta e possiamo imparare di più dai nostri simili e fare più esperienze con loro, il che ci permette di fare nuove esperienze e rende la nostra vita davvero degna di essere vissuta.

Pertanto, esiste una risposta chiaramente decisa alla domanda se perseguire o meno le condizioni che il flusso richiede, perché ci rende più felici non solo al lavoro, ma anche nel tempo libero, durante lo sport, nei lunghi viaggi in auto e con i nostri cari. Il flusso rappresenta una parte importante della risposta a come una persona può diventare felice, di cui si occupano da decenni singole persone e anche scienziati e psicologi.

Quindi, se anche lei vuole godere dell'esperienza del flusso, è consigliabile che esamini ciò che le interessa veramente e se ci sono troppe routine nella sua vita che potrebbero impedirle di fluire. Cerchi di concentrarsi sulle sue attività, di godersele e di sperimentare così il flusso.